El Amor

y

La Calle

El Amor y La Calle

Chuyin Rocha

www.chuyinrocha.com

ÍNDICE

Gracias de todo corazón a aquellas personas que alimentan mi pasión de escribir poesía. No hay ayuda grande o pequeña que den seña del apoyo incondicional que me han dado. Gracias, muchas gracias por el respaldo brindado. Gracias a:

Leyla Cattan
Alfonso López
Mary Andrade
Elaine Rosales
Jorge Alatrista
Fanny E. Miller
Maria Sahagún
Javier Álvarez
Paulo Solorza
Johanny Vazquez Paz

Gracias en especial a mi familia: Alma, Araceli, Luis, Jaime y mi 'amá' Celia por apoyarme en mi camino.

Gracias a mi editora Melanie Slone. Con tu ayuda mis libros ya no son sólo sueños, son realidad. Agradecido por siempre estaré.

Gracias a Dios por darme la fuerza necesaria a seguir adelante. Cuando me siento perdido, cuando mi vida no tiene sentido, cuando estoy deprimido, con su ayuda vivo me ha mantenido.

Gracias a todos, amigos y amigos por conocer, que han comprado mi libro. Con su ayuda hacen que mis libros pasen de la fantasía a la realidad.

Mil gracias.

-Chuyin Rocha
Jesús Menera Rocha

Introducción

Mi historia está escrita en forma de poesía. Hola, mi nombre
es Jesús Menera Rocha, mejor conocido como Chuyin Rocha.
¿Por qué Chuyin Rocha? Chuyin me apodaban desde que era un
niño soñador. Me convertí en adulto, pero los sueños de niño no
desaparecieron; siguieron conmigo y también el nombre: Chuyin.
Este libro cierra un capítulo de mi vida y abre la puerta al amor.
Es dedicado a todas aquellas personas que tienen o han tenido
un corazón partido. Olvidar es algo muy difícil de hacer pero no
es imposible. Siento y entiendo el dolor de perder un amor. Me
parecía inimaginable poder sacar su rostro de mi mente. Ahora sé
que el tiempo lo cura todo, pero no cierra las heridas.
¿Se puede olvidar? La respuesta está explicada con detalles en este
libro.

"El amor y la calle" es el título porque usé la calle para olvidar el
amor y en la calle encontré el amor. Nunca se sabe cuándo Cupido
te sacará la flecha quebrada del corazón tan sólo para introducirte
una nueva.

Gracias por tomarte el tiempo en leer estas frases.

De todo corazón,

-Chuyin Rocha
Jesús Menera Rocha
www.chuyinrocha.com

ENAMORADO

¿QUÉ ES EL AMOR?

Amor tiene mil significados.
Amor, cuatro letras que significan mucho y dicen poco.
Amor es la formula más complicada, uno más uno.
Amor es el sentimiento indispensable; nada a él es comparable y a la misma vez es incontrolable.
Amor es el juego donde se apuesta todo sin esperar nada.
Amor es algo que se demuestra pero no fácilmente se encuentra.
Amor no tiene contracto; se expira cuando por esa persona ya no se suspira.
Amor es el lenguaje del corazón que pocos entendemos.
Amor es cien sentimientos compactos en uno.
Amor es el tren que nunca se va.
Amor es frágil como un pétalo de rosa y fuerte como el acero.
Amor es el dolor que más se disfruta.

SENTIMIENTOS ESCONDIDOS

Ven, no tengas miedo al amor.
No hay nada que temer; todo puede suceder.
El amor se hizo para explorar; no tengas miedo amar.
Existe la posibilidad de que vuelvas a querer.
Sé que te defraudaron anteriormente, pero no es razón suficiente
para las puertas al amor cerrar.
Somos producto de la alegría; deja la melancolía; vuelve a explorar.
No tengas miedo amar.
Llena tu corazón de pasión; todo tiene solución.
Todo puede ocurrir; no tengas miedo a descubrir el amor.
El tiempo lo cura todo.
Los recuerdos quedan atrás.
Extiende tus alas para volar.
Un nuevo horizonte puedes encontrar; inténtalo una vez más.
Mirarás lo lindo que es llegar a un mundo desconocido.
Lo que has vivido, tendrá sentido; lo que has sufrido quedará al
olvido.
Descubre sentimientos escondidos.

QUE SIN TI

Pasa un día y otro más; te quiero más y más.
No puedo ocultar lo que significa junto a ti estar.
No puedo disimular; eres todo en verdad.
Déjame expresar que te quiero más y más,
que sin ti ya no hay riquezas,
que sin ti me hace falta una pieza,
que sin ti mi corazón me deja.
Eres mi princesa; eres mi nobleza que endulza mi tristeza.
No hay nadie como tú.
No hay nadie igual que tú.
No hay amor si no estás ... tú.
Se me olvida la realidad; encuentro amor y amistad, con tan sólo a
tu lado estar.

ABRE TU CORAZÓN

Abre tu corazón y déjame entrar.
No hay razón para desconfiar.
Sólo dame una oportunidad y mirarás lo bonito que es explorar.
Ven; explora el mundo conmigo.
Sólo quiero ser tu amigo.
Si en tu pasado te lastimaron, eso fue en el pasado.
Hoy es un nuevo día.
Ven y te llevo a caminar, cerca del mar; comprenderás lo bonito que
es confiar.
Confío en ti; confía en mí.
Abre tu corazón y dame un poquito de tu tiempo, que te
comprendo.
Es difícil volver a confiar; juntos vamos a volar.
Volaremos por otros cielos.
No tengas miedo al suelo dejar, que de tu mano voy a estar.
Ven; disfruta la vida y el pasado olvida.
Solo tú el pasado puedes olvidar.
Déjame expresar, que aquí estoy para ti.
Aquí estaré si tú me lo permites.
No hay humano que amistad no necesite.
Abre tu corazón y el mundo escucha.
Tu cuerpo compañía necesita.
Tu amistad se solicita.
Son buenas mis intenciones, amistad sin condiciones.
Vamos, vámonos; juntos podemos hacer nuestros mundos en una
sola galaxia.
Solo se necesita confianza.
Confía en el amor y la amistad.

OBRA DE ARTE

Eres una obra de arte, una Mona Lisa.
No sé qué encanto utilizas; me encanta tu sonrisa.
Cuando caminas el tiempo se paraliza.
Mi corazón palpita de prisa; se quiere salir de mi cuerpo y mi
camisa.
Tus ojos me hipnotizan; cuando cruzamos miradas mi piel se eriza.
Eres una belleza de pies a cabeza.
Que no te de tristeza, que ya llegó la última pieza de tu
rompecabezas.
Mientras mi imaginación progresa, mi mente todavía no te procesa.
Eres una princesa; para mí eres la mujer perfecta, del doctor la
mejor receta.

NADIE COMO TÚ

Nadie como tú, tienes buena actitud,
juntos desde juventud.
Amar es una virtud.
Me das amor y amistad de mucha calidad a cantidad.
Eres muy especial.
Nuestro amor no parece real.
Somos tal para cual.
No hay ningún mal que le dé final a nuestra relación formal.
Me siento afortunado al estar a tu lado.
Contigo no estoy preocupado ni frustrado.
Contigo una estrella he alcanzado.
En ti todo el día estoy pensando.
Cuando te estoy acariciando y besando en nubes estoy flotando.
El tiempo se va volando.
En el estómago siento mariposas; cosas feas miro hermosas.
No sé qué me ha pasado.
Encantado he quedado.
Estoy de ti enamorado.

Nadie como tú, pareces sacada de un revista.
No importa que vistas; mis ojos mirarte NO evitan.
Hermoso ser que este planeta habitas, que eterna sea tu visita.
No se me quitan las ganas de decirte cosas bonitas.
Me encanta tu rostro y tu pelo; me traen por el suelo.
Me vuelves loco; tus ojos bellos con ellos sueño.
Besar tu cuello es muy hermoso aquello.
Tus labios son exquisitos.
Amarte como requisito, besarte un poquito.
Dejarte de amar sería un delito.

Nadie como tú, eres la dirección correcta a mi camino, mi destino,
mi pan y vino.
Tu cuerpo fino y tu toque fino, me detienes a hacer lo clandestino.
Termino por hacerte caso.

No miro el plazo cuando estés en mis brazos.
Tenemos amor profundo; que lo sepa el mundo.
Te aseguro que nuestro amor es puro, la luz de mi lado oscuro.
Quiero tenerte en mi futuro … nuestro futuro.

DESPEDIDA

DESPEDIDA

No es posible continuar; dejemos la falsedad.
Tenemos que continuar por diferente lugar.
Ya no lo podemos ocultar; nuestra relación no puede funcionar.
Sabíamos que iba a pasar.
Es difícil esto aceptar.
Ni tú ni yo vamos a cambiar.
Es mejor para los dos decirnos adiós.
Nuestra relación no es estable.
Ni tú ni yo somos culpables.
Plantamos el amor, pero no floreció.
No sé cómo desapareció.
Entre nosotros hay una distancia larga, que, más y más amarga, se
está convirtiendo en una carga; ¡Ya basta!
Futuro entre nosotros no miro.
Nuestro calor se está haciendo frío.
Te pido que no encuentres motivos para estar unidos.
Tú sabes que no tiene sentido.
No quiero ser el villano, el malo,
pero hay que aceptarlo.
Con estas lineas te lo señalo; duele el aire que inhalo.
Aquellos recuerdos no igualo.
Seguir adelante es una falsedad.
El amor se fue con el tiempo, con la edad.
Nuestra relación es un espejismo.
Pelear y pelear, siempre lo mismo.
Nuestro amor quedó en un abismo.
Dejemos el optimismo; es mejor dividirnos.
Guardemos aquellos momentos que estuvimos unidos.
Se quebró la flecha de Cupido en un descuido.
Nuestros corazones suenan en diferentes latidos.
Le he dado muchas vueltas a este asunto.
Vamos al punto: es mejor no seguir juntos.

CORAZÓN SIN PIEZA

CORAZÓN SIN PIEZA

Se separaron dos corazones; se terminaron las razones para amarse
sin condiciones.
La primavera se convirtió en invierno.
Los separó el tiempo.
Nada ni nadie es eterno.
Es difícil encontrar explicación.
Cuando se termina la relación, como duele el corazón.
Se les apagó el fuego.
Se quebraron sentimientos, que se los llevó el viento.
Se quebraron muchas promesas.
Una historia termina; otra empieza,
otro corazón sin una pieza.

MI HISTORIA TRISTE

Ella y yo era una fantasía.
Con ella el tiempo corría, se pasaban rápido los días.
Ella y yo nos prometíamos que aun teniendo mal momentos nos
amaríamos.
Todo ha terminado, las promesas a un lado.
La fantasía se convirtió en el pasado.
Todo se termina al pasar los años, recuerdos del daño por escusas o
por engaños.
El amor llega y desaparece como un rayo.
¿Dónde quedaron los bellos momentos? Se fueron con el tiempo.
Parece que fue un sueño; fui, pero ya no soy, tu dueño.
Te extraño y te recuerdo.
Tú y yo, era un amor mutuo. Se perdió y tomó otro rumbo.
Junto a ti no había quién me detuviera.
Quisiste cambiarme a alguien que no era.
Si pudiera, regresaría las horas para estar a tu lado y sentirme en la
gloria.
Tú y yo éramos dos enamorados.
En mi corazón tienes un lugar apartado; lástima que lo hayas
destrozado.
No te guardo rencor; todavía no entiendo, ¿cuándo se terminó el
amor?
El esperarte le da a mi vida un mal sabor.
No puedo hacer nada; todavía hay amor.

Te recuerdo como si fuera ayer.
Es muy difícil entender.
¿Por qué fuiste tan cruel?
¿Dónde quedó la miel ?
Te convertiste en una de cien, pero todavía te amo igual o más que
ayer.

¿Qué hice mal?
¿Qué te ofendió, que decidiste convertirte … en mi historia triste?

MIS RIMAS LLORAN

Cuando me acuerdo de ti, no sé qué me pasa.
Tu recuerdo me alcanza.
Me siento perdido sin causa.
Tus recuerdos no me dejan y la memoria me acompleja.
Me acuerdo de todo, hasta de tus quejas.
Quisiera mirarte, decirte halagos, pero ni llorando un lago
regresarás a mi lado.
Parece que todo duró un suspiro, de mi corazón un latido.
No encuentro motivos porqué no se cumplió lo prometido.
¿Cómo curar esta herida?
¿Cómo encontrar la pieza perdida, la otra parte de mi vida, al dolor
la salida, si perdí a la persona que más quería?
Me acuerdo de nuestra juventud,
dos enamorados con actitud.
En el autobús con lentitud, pero no importaba si estabas tú.

No puedo llorar; voy a dejar mis rimas sus lágrimas rodar.

Siempre estuvimos juntos; contigo no importaban otros asuntos.
Platicábamos sin ir al punto.
Ahora me pregunto,
¿Por qué me duele y lo oculto?
Quisiera volver al ayer y a tu lado volver a ver el amanecer.
No puedo comprender, ¿cómo me dejaste de querer?
Te dije te quiero, que a ti te prefiero.
Te estoy olvidando lento
porque todavía te quiero.
¿Cómo lograste olvidarme, si no puedo de mi mente alejarte?
Estás en todas partes; quisiera de mi arrancarte.
Qué difícil es amarte y no poder alcanzarte.
Todavía no puedo olvidarte.
Dime tú como diablos lo lograste … dime.

No puedo llorar; voy a dejar mis rimas sus lágrimas rodar.

Dijiste que lo nuestro era especial, que no parecía realidad.
La verdad, no te importó mi amor y mi amistad.
¿Cómo me pudiste olvidar, actuar como si nada sucede?
Te trato de olvidar, pero mi corazón no puede.
Mis sentimientos y el cuerpo no se ponen de acuerdo.
Por las noches te sueño y me acuerdo … que ya no soy tu dueño.
Quiero llorar y no lo niego.
Quiero llorar y no puedo.
Por eso escribí estas lineas, porque mi orgullo me alivia.
Cuando te perdí, te perdí para siempre.
Ahora siempre vivirás en mi mente … siempre.

YA TE PERDÍ

A veces me dan ganas de llorar, cuando de repente te recuerdo.
Llega el momento que los recuerdos se convierten en más, más fuertes.
Andando rodeado de la gente; te miro entre otras, entre ellas.
La verdad no sé qué me pasa.
Ya tiene mucho tiempo; lo nuestro se fue como viento.
Amarte y quererte, no me arrepiento.
Me pregunto, ¿por qué te recuerdo?

Ya te perdí; ya aprendí que ya no regresarás.
Si me llegas a recordar, no, no vayas a llorar.
Ya te perdí; ya aprendí a hacerme a la idea que ya no regresarás a mí.

A veces me llega una tristeza, cuando de repente tu imagen se aparece en mi cabeza.
Llega un suspiro que se alarga; un día dulce se me amarga.
Todavía no comprendo por qué.
Ya sé que no vas a volver.
El tiempo no va a devolver los momentos que vivimos, que de ellos nos despedimos.
Me pregunto, ¿por qué te recuerdo?

A veces me dan ganas de borrar tus besos y las promesas que no cumplimos por terquedad.
Todo lo que empieza termina.
Una estrella ya no brilla.
Mi corazón no mira la verdad.
Mi mente acepta la realidad.
Ya no quiero recordarte; de mi quiero arrancarte.
Ya no quiero mirarte, pero ... te miro al recordarte.

QUERERTE Y NO TENERTE

Sufre el corazón.
Te extraño mi amor.
Ya no hay nada que hacer, más que olvidarte.
Recuerdo los momentos felices que no regresaron.
¿Dónde estarás?
Es una pregunta sin respuesta.
Ahora aquí me encuentras recordándote y extrañándote.
Ya no hay vuelta atrás.
Te perdí para siempre y me duele tanto quererte y no tenerte.

ME ACOSTUMBRÉ

Me acostumbré a mirar tus ojos y a pasar momentos calurosos.
Me acostumbré a tratarte como oro, mi más preciado tesoro.
Me acostumbré al perfume de tu cuerpo.
Me acostumbré con tu presencia adelantar el tiempo.
Me acostumbré a tu besos y a perderme en tu universo.
Me acostumbré a tus labios y a decirte te amo.
Me acostumbré a las caricias de tus manos.
Me acostumbré a tus berrinches y a tus enojos simples.
Me acostumbré a pasar contigo los ratos libres; contigo nada era imposible.

MÁS Y MÁS

Te quiero más y más.
No me siento capaz de olvidarte.
No te dejo de amar.
No lo puedo ocultar.
Quisiera llegar a donde estás.

Te quiero más y más.
Quisiera que alguien más ocupara tu lugar.
Tus recuerdos no me dejan en paz.
Sé que no hallarás quién te escriba versos y poemas, aun al saber
que ya no regresarás.

Te quiero más y más.
Quisiera saber que todavía me esperas.
Te esperaré toda la vida porque el que realmente ama, jamás olvida.

Tú ni te lo imaginas.
Cada vez que suspiras,
cada vez que la luna miras,
cada paso que caminas, te quiero más y más.
Dime a dónde vas.
Cada vez que en mi mente estás,
en mis pensamientos muchas vueltas das.

Te quiero más y más,
aunque no lo quiero aceptar.
Me pregunto si a mi lado volverás.
La respuesta en el aire quedará.
Una historia quedará atrás.

Te quiero más y más.
No lo puedo evitar.
Me pregunto cómo fue a terminar, si no te dejo de amar.
De ti no me puedo fugar.

¿Cómo nuestro amor se pudo esfumar?
Te convertiste en un fantasma más.

Te quiero más y más, cada día que pasa, cada sonrisa que des.
Aunque no te vuelva a ver, en mis rimas siempre estarás.
Nunca te voy a olvidar.
Hoy te necesito como jamás.
Te quiero dar un abrazo y un beso que dure por la eternidad.
Aunque nos separe todo, te quiero más y más.

PERDÓN

PERDÓN

Perdón por el dolor que te causé.
Perdón; te deje y sin ningún por qué.
Perdón por ser problema sin remedio.
Perdón por tenerte en mí en medio.
Perdón por crearte una ilusión.
Fuiste amor sin ninguna condición.
Perdón por no haberte apreciado y llegar a ser parte de tu pasado.
Perdón por tus lágrimas de enojo.
Perdón por el agua de tus ojos.
Perdón por tu corazón quebrar; en momentos difíciles no pude
estar.
Perdón por no felices terminar.
¡Ojalá hoy me puedas escuchar!
¡Ojalá algún día tú me puedas perdonar!

Perdón por todo el mal que yo te hice.
Tú sabes que así yo no lo quise.
Perdón por todas mis malas decisiones.
Perdón por incluirte en mis canciones.
Perdón por tu corazón roto.
Fui el causante, ignorante, arrogante, pero eso fue antes.
Perdón; nunca hubo ninguna razón que justificara nuestra
separación.
Lastimarte nunca fue mi intención, pero ya es muy tarde para
lamentación,
decisión que cambió a los dos.
Perdón no curará tu dolor.
Ahora mírame aquí; perdón te pido a ti.
En verdad fuiste todo para mí.
Elegí decirte, "perdóname por el mal que recibiste; tú no te lo
mereciste" ... perdóname.

Tal vez no me llegas a perdonar; por mucho que no me va gustar, lo
puedo comprender.

Te quise y te llegué a perder.
No hay ninguna excusa.
Por mis tontas decisiones asumo responsabilidad.
Espero algún día me puedas perdonar, pero si no llega ese día,
queda melancolía.
Perdón decirte fue mi melodía.
Perdón por todas mis tonterías.
Triste realidad, fuiste paloma, paloma que está hecha para volar.
¡Ojalá algún día me llegues a perdonar!
Mi remordimiento lo demuestro.
Digo lo que siento; lo nuestro se fue con el viento.
Escucha mi arrepentimiento; en verdad lo siento.
Por mis acciones no hay argumento.
Perdóname por mi juramento ... lo siento.

PERDÓNAME

Perdóname ... esta palabra no consuela el dolor que te hice sentir,
pero déjame decir … perdóname.
Créeme cuando te digo que nunca fue mi intención lastimarte.
Sé que con decirlo no es bastante.
Sólo el tiempo y Dios podrá curarte.
Siempre en mí voy a llevarte.
Cómo explicarte que siempre lo mejor voy a desearte.
Perdóname. Sé que destruí tus ilusiones; por mis acciones no hay
explicaciones.
Perdóname por lastimar tus emociones.
Espero que con alguien más unas corazones.
Perdóname. Sé que no puedo regresarte el tiempo que pasamos
juntos.
Para ti en mi corazón tengo un lugar oculto.
No hay ninguna razón para lastimar tu corazón; no fue mi intención.
Perdóname. No terminé nuestra historia como tú lo habías planeado.
Espero que todos tus sueños sean logrados.
Tu recuerdo siempre llevaré a mi lado.
Perdóname. Eres la persona más buena que he conocido.
Con tu ayuda mi vida hoy tiene sentido.
Por favor, escucha lo que digo. Gracias por estar en esos momentos
difíciles conmigo.
Tú me hiciste ver el rincón bonito de las personas.
Te hice mirar la fea zona de las personas; perdona a este tonto;
nuestro cuento fue corto.
Tu sufrimiento será recompensado pronto.
Perdóname y te agradezco tu paciencia.
No pierdas tu inocencia.
Siempre llevaré conmigo tu presencia.
Perdóname todo el mal que te he hecho.
Gracias a ti mi camino está derecho.
Por favor, no me guardes despecho.
Perdóname. Con estas líneas expreso que en tu vida fui un tropiezo,
para ti mi cariño y respeto.

26

Nunca pierdas las ganas de buscar el amor; es un largo proceso. En un lugar te está buscando tu príncipe; él terminará tu libreto incompleto.

Te lastimé; lo lamento. No miento … perdóname.

HOLA, MI AMOR

Perdóname. Sé que no te doy el tiempo que mereces, que a veces parece que es más importante mi carrera que tú. Déjame decirte que no lo es.

No mires las cosas al revés. Estoy trabajando tratando de hacer un sueño realidad. Es más importante tu amor y amistad. Es muy difícil balancear mi carrera y tu amor. No verte produce dolor, cada vez que te digo adiós, sin saber si voy a volver; trátame de entender. Tú sabías que llegaría el día que yo seguiría mis sueños y su melodía. La poesía trae alegría, pero la carrera trae porquerías. Sacrificio es parte del oficio. Sé que estás pagando caro tratando de estar a mi lado.

Hablando de larga distancia, sé que el tiempo no me alcanza. No pierdas en mí la esperanza. No te sientas desapreciada; no hay nada mejor que saber que tengo tu amor. Quiero decirte que te aprecio, que no tener tiempo es parte del precio por elegir este camino recio. Pasan rápido los días deseando que llegue el día que seas mía. El tiempo se hace eterno. Déjame decirte que comprendo qué estás sufriendo. Lo mismo estoy sintiendo.

Cada vez que te miro te siento distante. Sé que el tiempo que te doy no es bastante.

Te siento más y más lejos en este camino complejo.

A veces miro el espejo y alucino tu rostro.

Sé que desearías que mi oficio fuera otro.

A veces corto nuestra conversación porque tengo que arreglar otra situación, pero te llevo en el corazón.

No olvido nuestros planes; los tengo en mi mente. Me muero por verte.

EN MI CAMINO

MIS MEMORIAS

Cuando tenía cincos años, miré el daño de parte de mi padre hacia mi madre.

No podía entender por qué la golpeaba una y otra vez.

Sólo me tocó ver.

El padre que adoraba descargaba su estrés.

¿Cómo lo podía detener, con mi llanto que rodaba una y otra vez?

Mientras gritaba a él no le importaba.

Ella se cubrió la cara. Cada patada que acertaba, la sentía con mi mirada.

Mamá, no pude hacer nada.

No entendía lo que pasaba.

Hogar dulce hogar; gritaba sin parar.

Gritaba con mi alma pidiéndole calma.

Cada puñetazo, el tiempo daba un paso.

Sentía cada trancazo.

Se paralizó el viento.

En ese momento todo pasó muy lento.

Era de noche; me parecía una pesadilla mi recuerdo infantil que no parecía tener fin.

Lo recuerdo como ayer.

Mi hermano lo quiso detener.

Se sujetó de su brazo, pero fue un fracaso.

Lo arrojó contra la pared.

Mi hermano terminó en el suelo con su ojos en blanco hacia el cielo.

Grité con mis pulmones, pero a él no le importaron mis emociones.

Es difícil de mi mente borrar esas situaciones.

MI INFANCIA

Siempre solo desde que nací, aprendí a sobrevivir.
Nadie me puede decir qué sí o qué no se debe permitir.
Como muchos no fui planeado; fui un sobrecargo.
Desde que estuve en el estomago, el camino fue amargo.
Desde ahí recibí de mi padre golpes.
Por gracia de Dios no estoy torpe.
Una oreja sin borde marca dónde.
Te llevo por mi infancia; sabrás comprender mi nostalgia.
Mi padre a mi madre golpeaba.
Ella el coraje se tragaba; lo sacaba contra mí, se desquitaba.
No importaba si bien me portaba o que 10 de calificación sacaba.
Ella encontraba alguna razón para arrojar el rencor que no podía
contra mi progenitor.
Me preguntaba, ¿por qué los platos rotos yo pagaba?
Mi pregunta nunca fue contestada.

REFLEJANDO

Mirando hacia el pasado,
todavía muchas cosas no entiendo; de lo que he pasado sólo queda
el recuerdo.
Me acuerdo que por años tuve mucha hambre, nunca en un hogar
estable.
"Marijuana tiene un olor familiar y la mejor forma de olvidar
es fumar", era el dicho de un amigo.
Tuve muchos sueños desde niño.
Ni de mi 'apá o 'amá tuve cariño, pero ya eso es pasado; lo he
aceptado.
Reflejando, mirando hacia el pasado.
Me acuerdo de mi casa de madera y un mundo sin barreras.
Podía correr hacia donde quisiera.
Tenía hambre y sed, pero el mundo no era una red.
Los pueblos no los dividía una pared.
Todo ha cambiado; personas conocidas en paz han descansado.
En un abrir y cerrar de ojos, la muerte llega a su antojo.
En la calle mi camino escojo, mientras rimas arrojo.

Reflejando, mirando hacia el pasado.
Crecí en un mundo donde la única forma del dolor huir
era droga distribuir.
Crecí donde el primer delincuente era el presidente.
Reflejando, mirando hacia el pasado.
La única persona a quién admirar, aquel superhéroe, era el que usó
la heroína a su beneficio sin hacerla su vicio.

MI DECISIÓN

Cuando no hay cariño para un niño, el resultado es dañino.
Lo más dañino para un niño es no tener amor y cariño.
No es difícil esto entender; fue parte de crecer.
Ganar y perder es parte del juego.
Aprender que quema el fuego es como saber cuándo esperar y cuándo atacar.
Si me puedes escuchar, tal vez aprenderás a expresar conmigo el amor y el odio.
Es obvio que debe haber lo bueno y lo malo.
La vida es un escándalo y la muerte un regalo.
En este mundo debe haber una balanza.
En Dios y en la muerte pongo mi confianza.
Peleando desde que estaba en el vientre, aunque respuestas no encuentre, tendré en mi mente sueños de adolescente.
Sueños y orgullo es todo lo que he tenido.
De mis amigos no me olvido, pero sólo basta un descuido y mi amigo se convierte en enemigo.
Sé lo que digo.
No soy el primero en decirlo, pero en carne propia vivirlo, no es lo mismo.
Siempre pelear contra el racismo fue mi riña.
Celosos como niñas siempre estarán en la orilla.
No me mirarán de rodillas.
Si por vivir así estoy equivocado, no critiques mis pecados.
Sólo por el Señor seré juzgado.
Tendré mucho tiempo para remordimiento.
En papel imprimo mis sentimientos.
Lo que digo es real; no lo invento.
Los demonios no me dejan dormir; mi orgullo me deja vivir y Dios me deja transmitir lo que hoy puedes oír.
Hablándole a un papel, escribo lo que traigo en la piel.
¿Por qué estamos aquí? No lo sé; pregúntale a ÉL.

Conozco el bien y el mal; depende como puedas mirar; puede ser igual.
Tú decides qué camino tomar.
¿Cuál camino tomar?
Elegí el mio; de los problemas pasados hoy me rió.
Dime Dios mío, ¿Podré llenar este vacío?

BATOS LOCOS

Vivíamos en la linea rápida.
Cuando de pequeño te hace falta un instructor, la calle es el mejor profesor.
Soy más chico que tú, pero teníamos la misma actitud.
Loca juventud, creíamos estar en altitud.
Eramos dos novatos, locos batos.
Por ratos, fumar y borrachos, no nos dábamos abasto, hartos de estar en el cantón, andando de cabrón en el barrio o en el callejón, dejando la emoción y la preocupación en el licor.
Licor da calor y valor para enfrentar nuestra situación.
Soñábamos salir de ese lugar que llamábamos hogar y alcanzar la libertad.
Nos unía la amistad.
Escapábamos de la realidad con una botella, buscando la posibilidad de salir de nuestra oscuridad y tempestad.
Nuestra capacidad mental era vivir en velocidad.
La inseguridad nos unía.
En el barrio y en la ciudad, contra la adversidad, y una más, ¿qué más da?
Ésa era nuestra actitud.

Aunque quedábamos borrachos en el piso, Dios nos quiso y nos hizo separar nuestro rumbo.
"Triunfar, vas a llegar, no lo dudo. Habla hasta por los mudos y vete por otro mundo, que el callejón es profundo", me dijiste.
Poco a poco me convenciste que otras metas tenía que aspirar, que dejara de tomar y fumar, que uno de los dos tenía que respirar aire puro, no los puros.
Me dijiste que dejara las chelas, que tenía un talento por descubrir, que necesitaba pulir, que del barrio tenía que salir.
Seguí haciendo lo mismo, de NECIO.
No sé si me decías eso de corazón, o porque estabas ebrio.
Aunque también me lo decías bueno y sano, me lo decías más cuando estabas borracho.

El niño y el borracho nunca dicen mentiras.
¿Quién lo diría que tu consejo seguiría?

Aunque no éramos pandilleros, si éramos callejeros.
Fuiste el primero en decir,
"Hay que salir de este agujero; siempre sin dinero esta vida no quiero. Sin ayuda es difícil ganarse la vida".
Con una cerveza para curarnos la cruda y a la segunda perdíamos la cuenta.
Soy el que ahora esto cuenta.
Uno al otro nos apoyábamos, pero borrachos nos la pasábamos.
Nos la curábamos y otra vez empezábamos.
Ahora comprendo por qué no querías que siguiera tu camino.
Como hermano me diste la mano,
diciéndome que siguiera otro rumbo lejano.
La vida nos separó, pero tus palabras en mi imprimió.
El sueño todavia no desapareció; estoy en el intento. Con estas palabras doy agradecimiento. Gracias, Carnal.

EN LA CALLE

Desde pequeño todo lo que aprendí fue dolor, no enseñar amor.
Por alguna razón las cosas pasan.
Para huir de casa, estuve en la calle, calle peligrosa pero venturosa.
Aprendí que la vida es valiosa y la muerte silenciosa.
Tengo que soñar para alcanzar aquello que sólo puedo mirar.
Es mejor tratar que esperar que un milagro pueda pasar.
En la calle mi destino pienso encontrar.

NEGATIVO

TUS CHANTAJES

Si quieres, busca a otro; ya no hay nada entre nosotros.
Habrá quien te quiera, pero no quien te aguante.
Por fuera estarás elegante; por dentro eso no es bastante.
Bonita en exterior, fea en interior.
He estado con mejor y peor.
Aquí se acabó, adiós.
Ya no aguanto tus celos; el amor se quedó en el suelo.
Discusión y recesión en la relación, es mejor vivir sin afección.
Éste admira lo que no se mira.
Siento que mi corazón no respira con tanta pregunta y disculpa.
Si no me confías, no es mi culpa.
El problema es tuyo y no mío.
No te lloraré un río.

Puedo ser cariñoso, pero no el oso.
No soy celoso y no lo seré.
Por esto te perderé; muchas gracias, pero adiós diré.
Sé que suena cruel, pero no me importa.
No importa lo que hagas.
Alguien te la hace y éste la paga.
Así te soporte un poco.
Estoy enamorado pero no loco.
Fue parte del camino.
Contigo no le atino.
El amor se convirtió en un cuartel.
En tu mente siempre fue infiel.
Hace mal mucha miel.
La verdad siempre es cruel.
Aquella ardiente pasión se convirtió en prisión.
Es mejor terminar la relación.

Te di todo lo que te pude dar.
Te lleguè amar y también arrogar; lo tengo que aceptar, pero todo
eso ya se esfumó.

40

360 grados esto cambió;
el amor se despidió.
Así que quédate con tus chantajes.
Aguárdate todos tus corajes.
Se gana y se pierde; se gana y se aprende.
Dices, "No me comprendes".
La verdad ni tú te entiendes.
Todo lo que mal empieza, mal termina.
No me importa qué opinas.
Cupido me aventó una flecha; NO me dio en el corazón.
Me pasó hacia la derecha.
Mi decisión ya está hecha.

TE LLEVO

Te llevo como agua en el desierto,
como un chicle en el zapato,
como un sentimiento nostálgico.
Te llevo como un sueño que dejé a la mitad,
como la infancia, la inocencia a la amistad,
como el reloj el tiempo.
Te llevo como la uña la mugre,
como el sol la luz,
como el presente el pasado.
Te llevo como el mundo la hipocresía,
como la tarde el mediodía,
como la nostalgia, la melancolía.

OLVIDARTE

Quiero decirte que voy superando, voy avanzando, el amor
encontrando.

Tu recuerdo no me está estorbando.

Estoy bien contento.

Nuestro amor se lo llevó el viento.

Ayer me sentí mal; hoy muy bien me siento.

Mi orgullo me dio fuerza.

Poco a poco te saqué de mi cabeza; se fue mi tristeza.

Ya no me interesas.

Con cualquiera que estés, sé que me recordarás.

En tus sueños me encontrarás.

No hay quién ocupe mi lugar, te lo puedo asegurar.

Aunque ya no soy tu dueño, estoy risueño.

Se acabó nuestro sueño.

Era parte de nuestro camino; nuestro destino se fue como vino ...
veloz.

¡Escucha la alegría de mi voz!

Por fin pude dejarte de amar.

Te llegué a olvidar.

Tu eres de Venus, yo de Marte; tus ideas ahora son punto y aparte.

Me dijiste, "Olvidarme nunca lo harás".

No te duró el chiste; lo que pasó fue porque así lo quisiste.

Tomar ventaja decidiste; a tus caprichos me sometiste.

Ahora estoy feliz que ya te fuiste.

El amor se convirtió en dolor.

El que ríe al ultimo ríe mejor.

Sé que mi alegría te sacude.

Olvidarte pude; no lo dudes.

SOLEDAD

SUICIDIO

Aveces pienso volarme los sesos cuando me llegan pensamientos maliciosos, pero antes de eso voy a hacer estos versos:

Cuando se piensa en el suicidio es porque se piensa que ya no hay alivio.
Porque a veces ni leyendo la Biblia se alivia el dolor.
El dolor se vuelve enorme y no encuentras dónde, dónde buscar ayuda; tus gritos son los de una muda.
Te preguntas, a lo mejor si me escondo, ¿acaso se acabará este dolor hondo?
A lo mejor ya muerto se acabará este tormento.
Día a día crece más la angustia y la muerte de repente ya no te asusta.
Mientras la cruz que cargas se hace más pesada y larga, mientras tu boca más y más amarga.
Caes en un desconsuelo y te preguntas, ¿cómo llegaste al suelo?
Dicen que con los errores uno madura, pero a veces se convierten en tortura.
A veces tu calvario se convierte en siempre algo diario.
Mientras la aflicción cubre el corazón, tienes la sensación que quieres descansar para siempre en un panteón.

Cuando piensa uno mismo acabar con su propio sufrimiento, te das cuenta que no hay tiempo para lamentos.
Te dan ganas de fumar aunque no fumes, te dan ganas de un cigarro y te das cuenta que no tienes carro.
Tu errores los has pagado caro.
Te dan ganas de agarrar una soga mientras el cerebro te congoja.
Parece que el daño no termina; sientes el mundo encima, con ganas de ahogarte en tequila.
Que hagan fila a los que debes porque pagar con muerte prefieres.
No piensas en tu bienestar; sólo muerto prefieres estar.
No entendiste a los que tienen problemas mentales y tú los tienes sin curar tus males.

Te deseas a ti mismo la destrucción.
Tu depresión te quiere hacer firmar tu propia carta de defunción.
Quieres entrar en otro trance, que tu vida de alguna forma no
avance.

Cuando te das cuenta que estás en la ruina, quieres estar siempre en
la cantina.
Para no enfrentar los problemas, prefieres la guillotina.
Quieres tu vida deshacer, tus problemas demoler y ni un minuto en
esta vida quieres permanencer.
Te das cuenta de tus derrotas, una tras otra.
En la mente te flota el pensamiento de tomar una copa y hacer tu
vida corta.
Te dices, "es un castigo cargar conmigo sin encontrar que alguien
te dé una mano".
Te rodea la pena cuando pasas noches sin cenas y con la muerte
quieres pagar tu condena.
Caes en un agujero; se siente bien horrible.
Tus lágrimas hacen un arroyo y tus penas un hoyo.
Quieres dar el último reposo; con tus propias penas excavas tu
pozo.
Piensas morir, con un balazo dejar de vivir.
Este pensamiento llegó a su fin.

SOLO CONTRA EL MUNDO

Respuestas busco mientras voy solo contra el mundo.
Ése fue mi rumbo; si tú no sales del hueco caes más profundo.
La vida dura un segundo, determinado a encontrar el amor rotundo.
Solo contra el mundo siempre fue mi destino.
Mi camino lo elegí y más de una vez perdí.
Nunca hubo quién resolviera los problemas por mí.
Sólo aprendí a sobrevivir.
Si alcohol llegué a consumir, fue por mí, por mí, por mi voluntad,
loca pubertad, la puerta hacia la fantasía buscando realidad.
Busco mis *homies*, pero ellos siguen casados.
Fui el último en casarme, primero en divorciarme.
Divorciado, más vale solo que mal acompañado.

Respuestas busco mientras voy solo contra el mundo.
Me enamoré más de una vez.
Una y otra vez hay que admitir; lo vuelvo a decir que no hay nada
más bonito que el amor.
Pero no hay amor sin dolor.
El calor de una mujer hace ver todo de diferente color.
En este tema no hay maestro.
Todos cometemos más de un error.
Mientras busco amor, voy solo contra el mundo.
Si te sientes solo o sola, no te preocupes; no eres la primera, ni la
última persona.
Escucha tu vida; controla.
Sola o solo, quiere decir que vamos por el mismo rumbo en este
mundo.

Imagínate sin dinero, sin trabajo y sin carro.
El presente de los cuernos agarro.
No hay quién por ti el camino trace.
Si tú no lo haces, nunca sabrás el desenlace.
Enemigos con disfraces están en todas partes.
Fíjate con quién el tiempo compartes.

Nunca falta el Judás amigo; sé lo que digo.
Mi propio camarada se llevó a la que yo adoraba.
Ésa fue una historia nunca contada.
Solo contra el mundo encontraré quién es mi amigo y mi enemigo;
el cielo está de testigo.
Mientras investigo, respuestas busco, mientras voy solo contra el
mundo.

SOLEDAD

Me siento un poco preso; siento un gran peso que no me deja
caminar.
Me siento muy enfadado.
El estrés me ha afectado.
Tengo ganas de llorar, pero no puedo.
Me acompaña una ansiedad.
Me molesta la realidad.
¿Quién me quiere escuchar?
Me invade la angustia y una guitarra acústica que música quiere
tocar.
Mi alegría quiere sufrir.
La ironía se prepara para estar junto a mí.
Mi tristeza quiere discutir; la onda no agarra; quiero conmigo vivir.

Aléjese señora soledad.
No hay nada que platicar.
Lo nuestro ya se terminó.
Es mejor decir adiós.
Se quebró nuestra relación.
Le doy mi bendición.
¿Por qué se rehúsa a partir?
Ya no es nada para mí.

Me acaricia el silencio; en los problemas pienso, pero no quiero oír.
Estoy un poco fastidiado.
Respuestas no he encontrado.
¿Alguien me las puede decir?
Siento en mi desesperación,
¿Cuál es la condición para que me deje en paz?
Voy a caminar por el jardín, para encontrarle fin.
¡Ojalá ya no vuelva más, señora soledad!

LATINOAMERICANO

¿A DÓNDE VAMOS LOS INMIGRANTES?

¿A dónde vamos los inmigrantes?
Buscamos aquel lugar que podamos llamar hogar, hogar, dulce hogar.
No nos queda más que buscar otra ruta.
Nuestros hijos nos preguntan ¿qué hay de comer?
No podemos esconder la tristeza que esto nos causa.
Cuando esto nos pasa, hay que dejar casa.
Es hora de actuar sin hacer ninguna pausa, pausa.
El hambre es canija y más el que la aguanta.
Decimos, ¡basta!, pero nadie nos escucha.
Por eso viajamos a buscar otra lucha.
Vamos a otros lugares porque no hay alternativa, no hay salida y la familia motiva.
Preguntaron, ¿Por qué los inmigrantes viajaron?
Porque vivir sale caro.

Vamos a otro lugar.
Nada gratis espero; me recupero; avanzar adelante es lo que quiero.
No mirarás a un inmigrante limosnero.
Si puedo trabajar, cultivar y viajar, hay que encontrar cómo progresar.
A viajar aprendí; mírame a mí, buscando otro domicilio.
Sólo Dios nos da auxilio.
Esperando alivio a nuestra tristeza.
No esperando riquezas, pero si una casa, un hogar para mi familia.
¿A dónde van los inmigrantes?
Pregunta constante, tratados como criminales por mirar hacia adelante.
El viaje es largo, bastante.
Por un mejor futuro vine.
Aunque me incriminen, protegido por el que me define, que la luz del cielo me ilumine.

Buscamos cambiar el futuro de nuestros hijos.

El destino no es fijo.
Elijo ser inmigrante antes de ser maleante.
¿A dónde vamos los inmigrantes?
Llámame migrante, inmigrante, extranjero o forastero porque
primero busco trabajo y dinero para sostener a los que quiero.
Buscamos un lugar donde no haya violencia.
La violencia y la pobreza van de la mano de la tristeza.
Todos buscamos riquezas.
Nosotros buscamos qué poner en la mesa; empieza el viaje
buscando armonía.
Para dejar a la familia se necesita valentía; mira, buscamos aquel
rincón donde no tengamos opresión.
Deja desintegración y mucha depresión, desafiando las leyes de
inmigración.
Buscando una mejor suerte desafiando a la muerte, ésta es mi gente.
Buscando un hogar donde nos juntemos en unión,
hay que hacer la decisión de buscar la solución.
Viajar por más de una razón, dejamos atrás nuestro corazón.

Buscamos dónde podamos enseñar a nuestros chamacos
que es mejor el trabajo, que andar de drogadictos o borrachos.
Aunque no todos llegamos a esa tierra de inmigrantes, todos
soñamos en una tierra que vivamos como hermanos.
Vamos buscando paz y armonía.
Somos capaces de dejar la familia para alimentarlos cada día.
¿A dónde vamos los inmigrantes?
Buscamos el lugar donde podamos caminar sin tenernos que
preocupar que la misma policía nos pueda acosar.
Vamos buscando el pan, la comida y sobre todo, la paz.

MENTIRA

Entre el amor y el odio sólo hay un paso.
La vida empieza en el embarazo.
Se espera de mi cultura antes de los 18 tener una criatura.
¡Qué mentira!
Alguien te mintió.
Nunca dejes que tu futuro por ti definan.
Amigos que se avecinan no saben distinguir de la mentira.
Mira, cuando se va creciendo, la verdad se va descubriendo.
¿Cuántos venimos de familias separadas?
Cada decisión no fue calculada.
¿Cuantos niños crecen solos?
Pregúntales a mis amigos cholos.
Será por parte de dirección; es diferente cada situación, pero
tenemos en común buscar la solución.
Cree en la familia, amor y la unión.
No caigas en la mentira; tener hijos no significa amor fijo.
La felicidad tiene muchas definiciones; tú encuentra la tuya.
Abre tu mente; extiende tus alas; no dejes que personas malas te
digan qué camino tomar.
Sólo tú puedes decidir cuál camino elegir.

EL INMIGRANTE

El inmigrante sueña con un país mejor.

El inmigrante sueña con un país en equilibrio económico, sin aristócratas hipócritas.

El inmigrante no pierde la esperanza de volver a su país natal, sin tener que regresar por una razón fatal.

El inmigrante no pierde la esperanza de NO dar para la soda y vestir a la última moda.

El inmigrante que cruza la frontera es porque "el cambio" nunca llega.

El inmigrante que vive en el norte vive sin licencia de transporte.

El inmigrante que vive en el extranjero, vive con un cheque para la renta y el otro para los que alimenta.

MI RELACIÓN CON DIOS

TE ESCUCHO

Hola, Sé que hace mucho que no te hablaba.
Sólo me acuerdo de ti cuando me lleva la fregada.
Hace mucho que no escucho tu palabra.
He tomado la línea equivocada.
Aunque conmigo siempre está tu mirada, por ti no hecho nada.
Tus formas de proceder son cosas que no investigaré.
Contra todo siempre mi alma por ti es representada.
Sé que mi vida por ti es observada.
Cuando mi vida estaba acelerada, tú me cuidabas.
Hoy es extraña mi llamada.
Aunque mi fracaso en la batalla no está declarada, hoy tu nombre aclamaba.
Me quejaba de las cosas que pasaban, pero tu ayuda no buscaba.
Tu presencia hoy es deseada.
Siempre he sentido adentro un vacío.
Cuando tengo sed y frío, tu has sido mi abrigo y río.
Por diferentes aguas navegaba y no encontré palabras para decirte que te escuchaba.
Nunca me has dado la espalda.
Sé que por mí te preocupabas cada vez que te ignoraba.
Mis penas son provocadas por mi culpa.
Soy muy necio.
Aunque mi camino recorro recio.
Muchas veces no te he oído.
Por otro camino me he perdido.
Discúlpame, Dios mio.
A veces soñaba que caía y gritaba.
Nadie me escuchaba.
Ahora sé que a mi lado siempre tú estabas.

DE TODO UN POCO

DON DINERO

El dinero es un problema.
Nos dejamos llevar por el brillo.
¿Qué es mejor, el dinero o ser sencillo?
Muchos están dispuestos por él a apretar el gatillo, más pronto que
un cerillo encendido.
Se va y viene; no tenerlo no nos conviene.
Todos buscamos fortuna, vida y luna sólo una.
Efectivo no nos inoportuna.
Rascándonos las uñas, es mas fácil quererlo y no tenerlo que poder
retenerlo.
Jornaleros, cajeros, bomberos y carteros, buscamos dinero.
Trabajando por unas monedas, al final nada queda.
Vamos al mismo agujero sin el señor caballero, don dinero.

Algunas por él se van a la cama.
Él trae mucha alegría y drama.
Por él no vendo mi alma.
Todos tenemos que trabajar por él.
La vida es cruel y el dinero no es fiel.
Todos necesitamos comestibles como combustible.
¿Es posible soñar tenerlo y hacerlo flexible?
¿A qué estamos dispuestos para tenerlo?
Todos pagamos impuestos funcionarios, propietarios, comisarios, y
visionarios, buscamos el salario.
Trabajamos por el patrimonio.
Al final del testimonio, vamos al mismo agujero sin el señor
caballero, don dinero.

SOBRA Y FALTA

Sobran preguntas y faltan respuestas.
Falta compresión y sobra la confusión.
Falta amor y sobra odio.
Sobran pistolas y faltan carriolas.
Sobran cohetes y faltan banquetes.
Faltan alimentos y sobran muertos.
Sobran combatientes y falta unión entre la gente.
¿Hasta cuándo será suficiente?

La violencia sigue siendo ineficaz.
No se soluciona peleando voraz.
La violencia sigue siendo un antifaz.
No se gana peleando, la paz.
¿Cúando seremos capaz del amor predicar?

Sobran excusas y faltan disculpas.
Faltan bebidas y sobran heridas.
Sobran armas y falta la calma.
Falta ternura y sobra la locura.
Sobra maldad y falta felicidad.
Falta esperanza y sobra la venganza.
Sobran niños sufriendo y falta gente en el amor creyendo.
¿Hasta cuando viviremos, la guerra promoviendo?

ALGUNA VEZ

Dime, ¿Por qué ya no exploras el mundo?
Alguna vez te paraste a ver la flor del jardín.
¿Cuándo fue la ultima vez?
Dime, ¿Por qué no corres en el parque?
¿Cuándo dejaste de montar la bicicleta?
¿Por qué ya no te gustan las marionetas?
Dime, ¿Cuándo caminaste sin ningún rumbo?
¿Cuándo dejaste de ver caricaturas?
¿Por qué jugar ya no procuras?
Dime, ¿Por qué ya no haces figuras con las nubes?
Alguna vez te sentaste a ver las olas del mar.
¿Cuándo te reuniste con aquel amigo que desde niño conociste?
¿Cuándo le dijiste a tu papá, "Te quiero, 'Apá"?
¿Cuándo le dijiste a tu mamá, "Te quiero, 'Amá"?
Dime, ¿Por qué miras el noticiero y ya no corres detrás del
paletero?
¿Cuándo brincaste un charco tan sólo por diversión?
Dime, ¿Por qué ya no crees en superhéroes?
¿Cuándo recibiste la lluvia con alegría y sin paraguas?
¿Cuándo te peleaste, perdonaste y olvidaste en el mismo día?

AMISTAD

A veces la distancia separa a los amigos pero no a la amistad. Con tan sólo una llamada o un e-mail están cerca de ti.

A veces vivimos tan sólo unas millas de los amigos y por "x" razón estamos muy ocupados para ir a visitarlos.

La amistad viaja miles de kilómetros para preguntarte: ¿cómo estás?

Los amigos creen en ti cuando tú te dudas.

Entre la amistad y el dinero vale más la amistad.

Los amigos verdaderos están contigo cuando no quieres pero más necesitas.

Pedir ayuda es fácil y darla es menos difícil.

No pedir ayuda es orgullo; recibirla es nobleza.

Ofrecer ayuda es muestra de amistad.

Amigos: te dan la mano después de caer y se ríen de ti a la misma vez, pero no sin antes preguntarte, ¿Estás bien?

Con el tiempo se pierde la comunicación pero no la estimación.

Amigos: están para escucharte todo lo que quieras y hablar de nada.

Ellos te dan espacio cuando lo necesitas y compañía cuando te sientes solo.

Tener secretos y aventuras es parte de la locura que llamamos amistad.

¿Quién mejor para recordarte tus malos momentos en forma divertida? Los amigos.

YA NO LLORES

Sé que tu bato te maltrata; con él nada te falta pero a golpes casi te mata.

Lo amas con todo el corazón, sin ninguna condición.

Para golpearte no debe haber razón.

Sé que prometiste siempre amarlo.

Llegaste adorarlo, pero su amor hoy es amargo.

Sé que él te alimenta, te paga la renta y a la misma vez él te tormenta.

Sé que le echas la culpa a la bebida.

Estás herida; debe de haber una salida.

Te digo que sí la hay; seca tu mejilla y mándalo mucho a la orilla.

Princesa ya no llores; habrá días mejores.

Sé que debemos tratarlas mejor, con calor y darles su valor.

Es una definición del amor.

Todos llegamos de una mujer.

Hay que reconocer, son el más bonito ser.

No las tenemos que comprender, sólo no dejarlas de querer.

Hay tiempos difíciles en cualquier relación.

Vivir en preocupación puede llegar a una depresión.

Él no tiene corrección.

Vives en una ilusión.

Orgullo en ti planto; demuestra tu encanto; seca tu llanto; pon tu frente muy en alto.

Princesa, ya no llores; habrá días mejores.

NO PIERDAS LA FE

No pierdas la fe en mí, que en ti no la voy a perder.
Te diré que debe haber manera de llegar a la cima con mis rimas.
En este rumbo el mundo es duro, pero triunfaré; te lo aseguro.

Todavía estoy soñando, pero voy al punto de no volver.
No voy a perder, pero no puedo hacerlo en soledad.
En realidad aprecio tu amistad; sigue conmigo.
Voy avanzando y soñando; llegaré ¿cúando? Todavía no lo sé.

No pierdas la fe en mí, que en ti no la voy a perder.
Problemas venceré mientras de mí no te alejes.
Sigue conmigo; soñar no es delito; te necesito; espérame que
perderte eso evito.

Muchos contratiempos, pero son parte de cualquier deber.
Para merecer llegar a lo más alto, a lo más elevado, ven a mi lado.
Soy afortunado; sigue conmigo.
Soñemos despiertos, contentos hasta completar este cuento.

UN PASO MÁS

Estás buscando un mundo mejor,
un día malo y otro peor.
Sientes que todo te sale mal,
esperando que todo no sea igual,
una rutina sin ningún final.
Te preguntas, ¿y a mí porqué?

Cada vez la vida es mas dura.
La nube se convierte en oscura.
El día se convierte en gris,
necesitando un rayo de luz.
Los amigos, ¿dónde estarán?
Y dime quién te rescatará.

Ven; da un paso más.
No des vuelta atrás.
Días mejores llegarán.
Ven; da un paso más.
Ya todo estará bien y sin ningún porqué.
Ven; da un paso más.
No des vueltas atrás; la alegría llegará.

A lo mejor si sonríes, la mala suerte de ti se olvide.
Si todavía no se despide, dile adiós.

SIN FINAL

Hola, ¿cómo estás?

Es difícil esto explicarte; aunque no pueda mirarte, tu presencia hizo la diferencia.

En una vida que no te olvida, en un camino sin ningún destino y en un rincón del corazón guardaré nuestra relación, relación.

Alguien más te comprendió.

Nuestro amor se perdió y el cariño solo quedó.

El pasado son dos enamorados.

El crecimiento es descontento.

Te aseguro, no miento; guardaré este sentimiento.

No time for excuses.

En tus ojos luces.

Aunque otro perfume uses, mi recuerdo no reduces.

Los días y alegría, los besos y los versos... A lo mejor confieso; digo lo que siento y pienso.

Puedo estar equivocado.

Alguien más a tu lado.

¿Me has dejado en el pasado?

¿Dónde has estado?

¿Amor te ha llegado?

¿Amor has encontrado?

¿Mi amor has dejado en el pasado?

¿Ya has olvidado, olvidado?

Te perdí; tengo que reconocer ninguna otra mujer como tú.

No puedo comprender, ni aprender, de pronto cómo nuestro amor se fue a desaparecer.

Se fue a desaparecer, desprender.

Sufrir es parte de vivir.

Te puedo decir, tenías la razón.

Ahora sufre el corazón.

¿Que habría sucedido si te hubiera correspondido en ese tiempo pedido?

Al olvido quedó Cupido.

Para bien o para mal, ahora te da igual,
otra historia sin final.
Sigues siendo especial.
Te conocí por fortuna, tú solo una.
Tomamos diferente rumbo.
Tu recuerdo no derrumbo.
Me conformo con ser tu amigo.
Seré tu abrigo; estaré contigo.
Te mando mi cariño.

AHORA COMPRENDO

Ahora comprendo que nada es para siempre, que todo tarde o temprano termina.
El tiempo camina y sigue la rutina.
El amor puede cambiar; se puede dejar de amar.
Si ya no hay rosas, no más chocolates, dos corazones que diferente laten, tarde o temprano algo hace que se aparten.
Se tiene que trabajar en la relación.
Se tiene que apreciar el corazón.
El amor es muy complicado.
Ahora que no estás a mi lado, me he quedado enamorado y con un corazón quebrado.
Ahora comprendo que teníamos que tener cosas similares, no sólo sexo en diferentes lugares.
La pasión era ardiente, pero no fue suficiente.
Tus sueños eran diferentes.
Tú seguiste tu camino; nos separó el destino.
Tiempo que se fue; ya no vino.
Teníamos que aceptar la decisión de separarnos, no más amarnos.
Sueños quebramos; no hay reclamos; recuerdos no borramos.
Ahora no hay nada que se pueda hacer.
El tiempo no podemos devolver; te llegué a querer, te llegué a perder.
No me queda más que comprender que ya estaba escrito; ¡ojalá te vaya bonito!
Todavía te necesito, pero seguir adelante estoy listo.
Quedaron muchas cosas por terminar.
Quedaron muchas cosas por disfrutar.
Ahora no queda más que olvidar, pero sin borrar el lugar que llegaste a ocupar.

¿POR QUÉ?

Juntos hasta el amanecer.
¿Por qué no puede ser como ayer?
Busco comprender qué pudo suceder.
Es difícil entender que ya no te puedo ver.
¿Cómo se fue a desaparecer aquel amor que parecía florecer?
Todo llega a su final.
Ya nada es igual.
¿Por qué tuvo que terminar?
Te llegué amar, pero no te puedo olvidar.
¿Cómo regresar al lugar que solíamos jugar?
Solíamos pensar que siempre íbamos a estar.
¿Por qué tuvo que cambiar?
Hoy te llego a recordar.
Me pregunto,
¿En mí todavía pensarás o dejaste todo atrás?
Es imposible suponer que te dejé de querer.
Amarte y tener que olvidarte es un dilema sin resolver.

CONCLUSIÓN

EQUILIBRIO

Tu recuerdo se lo llevó el viento.
Tus besos en versos dispersos se convertieron.
Terminé un capitulo más de mi vida,
una historia escrita; cerró la herida.
El corazón se sometió a la realidad.
La canción que parecía monotonía empezó a tener melodía.
La fantasía de tu regreso se convertió en eso, espejismo.
De tu recuerdo ya no me quejo; solamente reflejo.
Terminé un libro y encontré equilibrio.

SOLDADO

Si pudiera cambiar algo de mi pasado, no cambiaría nada.
Cada caída por Dios fue preparada.
Sólo fueron obstáculos, hasta llegar a la última parada.
Hubo momentos que quería que todo se lo llevara la chingada.
Hasta la madrugada borracho me la pasaba.
Mi jefecita se preocupaba; yo corría de la casa que quería y
adoraba.
Desde pequeño miré la violencia de mi padre sin conciencia,
muy seguido, con frecuencia.
La inocencia se esfumó de mi presencia.
¿Qué puede hacer un niño de cinco años, que mira el daño?
Correr, esconderse en el baño.
Gritos y regaños, fui creciendo, lo mismo cada año.
Mis lágrimas acariciaba el viento.
Cuando lo cuento, me duele adentro.
Mi padecimiento, con alcohol quise cubrir mis sentimientos.
Al decir esto siento como ayer mi sufrimiento.

Aun así no le reclamo a Dios lo que este servidor pasó.
Si fui maltratado, borracho o drogado, son cosas de mi pasado.
De niño no fui amado o adorado, pero ya no estoy preocupado.
Cada anécdota hizo a la persona que aquí se encuentra.
No encontré respuestas.
Aquel niño que su lápiz no suelta.
Lo que lo reta no le da la vuelta.
Muchas puertas en su cara se cerraron; de él no se preocuparon.
Creció solo; buscó en la calle el abrazo que negaron.
Cada paso e historia que de mi memoria cuento, hoy entiendo y
comprendo que Dios tiene algo planeado.
Todo lo que he pasado, es por algo.
No renuncio a la cruz que cargo.
Como todos, mucho valgo.
En el último juicio mis pecados pago.

He tratado, pero no lo he logrado.
Las cicatrices han quedado.
Las heridas no las he soldado.
En la guerra de la vida todos somos soldados.

DEL AUTOR

Jesús Menera Rocha, mejor conocido como Chuyin
Rocha, es un poeta, podcaster, y rapero latino.
Chuyin Rocha nació en Michoacán, México, y creció en
Oceanside, California.

Para más información, visita:

www.chuyinrocha.com

www.ingramcontent.com/pod-product-compliance
Lightning Source LLC
LaVergne TN
LVHW021542080426
835509LV00019B/2795